BEI GRIN MACHT SICH IHR WISSEN BEZAHLT

- Wir veröffentlichen Ihre Hausarbeit, Bachelor- und Masterarbeit

- Ihr eigenes eBook und Buch - weltweit in allen wichtigen Shops

- Verdienen Sie an jedem Verkauf

Jetzt bei www.GRIN.com hochladen und kostenlos publizieren

Kommunikations- und Konfliktmanagement in der Arbeitswelt

Strategien zur Vermeidung und zum Umgang mit Konflikten. Schwerpunkt Konfliktmediation

Bibliografische Information der Deutschen Nationalbibliothek:

Die Deutsche Nationalbibliothek verzeichnet diese Publikation in der Deutschen Nationalbibliografie; detaillierte bibliografische Daten sind im Internet über http://dnb.d-nb.de abrufbar.

ISBN: 9783389095492
Dieses Buch ist auch als E-Book erhältlich.

© GRIN Publishing GmbH
Trappentreustraße 1
80339 München

Alle Rechte vorbehalten

Druck und Bindung: Books on Demand GmbH, Norderstedt Germany
Gedruckt auf säurefreiem Papier aus verantwortungsvollen Quellen

Das vorliegende Werk wurde sorgfältig erarbeitet. Dennoch übernehmen Autoren und Verlag für die Richtigkeit von Angaben, Hinweisen, Links und Ratschlägen sowie eventuelle Druckfehler keine Haftung.

Das Buch bei GRIN: https://www.grin.com/document/1525452

Bachelor of Science Ernährungswissenschaften

Hausarbeit

Personal Skills

Kommunikations- und Konfliktmanagement in der Arbeitswelt: Strategien zur Vermeidung und zum Umgang mit Konflikten – Schwerpunkt Konfliktmediation

Inhaltsverzeichnis

I. Abkürzungsverzeichnis 3
1. Einleitung 4
2. Konflikte 5
   2.1. Definition des Konfliktbegriffes 5
   2.2. Konfliktarten nach Schwarz 5
      2.2.1. Ein Überblick 5
      2.2.2. Schwerpunkt Paarkonflikte 6
      2.2.3. Schwerpunkt Gruppenkonflikte 6
      2.2.4. Schwerpunkt Organisationskonflikte 7
   2.3. Die 9 Konflikteskalationsstufen nach Glasl 7-8
   2.4. Soziale und wirtschaftliche Folgen von Konflikten 8
      2.4.1. Folgen für Mitarbeiter 8
      2.4.2. Folgen für das Unternehmen 8-9
3. Deeskalation einer Konfliktsituation 9
   3.1. Konfliktlösung durch Mediation 9-10
   3.2. Fallbeispiel: Konfliktlösung durch Mediation 10-12
4. Konfliktprophylaxe 12
5. Fazit 13
II. Literaturverzeichnis 14-15

I. Abkürzungsverzeichnis

bzw. .... beziehungsweise
KPMG ....Klynfeld-Peat-Marwick-Goerdeler
PwC .... PricewaterhouseCoopers
QM .... Qualitätsmanagement
QS .... Qualitätssicherung

Hinweis der Autorin:

Sofern das Geschlecht nicht explizit genannt wird, bezieht sich ein aus Gründen der besseren Lesbarkeit gewähltes generisches Maskulinum zugleich auf weibliche, männliche und diverse Personen.

1. Einleitung

Einen Konflikt hat jeder schon einmal mitbekommen, entweder aktiv als Beteiligter oder nur passiv als außenstehender Beobachter. Sie können überall dort auftreten, wo verschiedene Persönlichkeiten und Meinungen aufeinandertreffen (Fehlau, 2022, S.8). Dies kann sowohl im Privaten als auch in der Arbeitswelt geschehen.

Kommunikations- und Konfliktmanagement spielen in der heutigen Arbeitswelt eine entscheidende Rolle für den Erfolg von Organisationen. Eine reibungslose Zusammenarbeite sowohl innerhalb als auch zwischen Teams kann nur durch effektive Kommunikation gewährleistet werden. Da Konflikte unvermeidlich sind ist es von entscheidender Bedeutung, dass Organisationen über angemessene Strategien verfügen, um diese konstruktiv zu bewältigen. Ein vielversprechender Ansatz in diesem Zusammenhang ist die Konfliktmediation. Diese wird als Schwerpunkt und mithilfe eines fiktiven Fallbeispiels in dieser Arbeit genauer beleuchtet.

Zunächst wird im zweiten Kapitel der Begriff des Konfliktes genauer erläutert und ein Überblick über die verschiedenen Konfliktarten nach Schwarz gegeben. Nicht außer Acht zu lassen ist an dieser Stelle die Typologisierung der Konflikteskalationsstufen. Diese wird anhand der populären Methode nach Glasl erläutert.

Bevor sich die Arbeit mit der Deeskalation von Konflikten beschäftigt, werden dem Leser die sozialen und wirtschaftlichen Kosten nichtbewältigter Konflikte nähergebracht, nicht zuletzt, um die Notwendigkeit für effektive Konfliktlösungsstrategien zu verdeutlichen.

Anschließend wird im dritten Kapitel auf die Deeskalation einer Konfliktsituation eingegangen und Lösungsstrategien stichpunktartig aufgezählt bevor der Schwerpunkt dieser Arbeit, die Konfliktmediation in der Arbeitswelt, behandelt wird. Alle relevanten Informationen mit einer detaillierten Erläuterung der im Mediationsverfahren eingesetzten ALPHA-Struktur werden dargestellt.

Im vierten Kapitel wird ein Fallbeispiel herangezogen, um die Mediation anhand dessen greifbar zu machen.

Nicht zu vernachlässigen ist beim Kommunikations- und Konfliktmanagement in der Arbeitswelt die Konfliktprophylaxe. Daher wird vor dem Fazit auf diese kurz eingegangen.

Abgerundet wird diese Arbeit mit einem Fazit, welches die wichtigsten Punkte und Erkenntnisse der Arbeit zusammenfasst.

2. Konflikte

2.1. Definition des Konfliktbegriffes

Eine einheitliche Definition für den Begriff Konflikt existiert in der Literatur nicht. Mit dem Wort Konflikt wird zunächst oft etwas Negatives assoziiert. Er stammt vom Lateinischen „conflictus" und bedeutet Zusammenprall oder Zwiespalt (Langenscheidtredaktion, n.d.). Um sich dem Begriff anfänglich anzunähern, werden hier zwei Definitionen genauer erläutert.

Ein Konflikt entsteht, wenn unterschiedliche Interessen von Gruppen oder Individuen aufeinandertreffen und können in beliebigen Situationen und Lebenslagen auftreten (Bartscher et al., 2018). Diese Aussage ist sehr knappgehalten und beinhaltet den Kern der meisten anderen Definitionen, dass es sich um einen Konflikt handelt, wenn gleichzeitig verschiedene Interessen bestehen, welche subjektiv unvereinbar erscheinen (Jiranek & Erdmüller, 2021, S. 22).

Mehr in die Tiefe geht die Definition, dass es sich dann um Konflikte handelt, wenn in einer Situation das Selbstwertgefühl eines Beteiligten subjektiv bedroht wird (Pfab, 2020, S. 3). Der entscheidende Aspekt hinter dieser Aussage ist, dass unser Selbstwertgefühl der Kern dessen ist, was unser Können vermittelt und noch wichtiger, wer wir sind. Daher führt der Autor zu Recht an, dass nicht jede Meinungsverschiedenheit zwangsläufig zu einem Konflikt führt. Erst eine Bedrohung des Selbstwertgefühls führt somit zum Konflikt.

Aus diesen beiden Definitionen wird ersichtlich, dass der Begriff nicht so einfach auf eine universell gültige Definition herunterzubrechen ist, weshalb es folglich auch für die Unterteilung der Konfliktarten diverse Ansätze gibt.

2.2. Konfliktarten nach Schwarz

2.2.1. Ein Überblick

Konfliktarten werden auf unterschiedlichste Art und Weise unterteilt, daher wird im Folgenden der Fokus auf die Einteilung nach Schwarz (2013) gelegt. Jeder Konflikt lässt sich einem der folgenden vier Grundkonflikten, auch Grundwidersprüchen genannt, zuordnen (Schwarz, 2013, S. 104). Es handelt sich hierbei um den Konflikt Leben versus Tod, Individuum versus Gruppe, Junge versus Alte und das männliche versus das weibliche Prinzip.

Dies ist nicht die einzige Unterteilung, die vorgenommen wird. Persönliche Konflikte, Paarkonflikte, Dreieckskonflikte und Gruppenkonflikte kommen ebenfalls hinzu (Schwarz, 2013, S. 99-190). Weiter unterschieden wird in Organisationskonflikte, Institutionskonflikte, Systemkonflikte, Konflikte um Virtualität und Konflikte um virtuelle Realität (Schwarz, 2013, S. 190-279). Die vom Autor vorgenommene Unterteilung ist jedoch hier noch nicht abgeschlossen. Die genannten Arten werden in weitere Subgruppen untergliedert. Die detaillierte Beschreibung dieser Subgruppen würde den vorgegebenen Rahmen jedoch übersteigen, weshalb nur drei Konfliktarten im Folgenden genauer beleuchtet werden.

2.2.2. Schwerpunkt Paarkonflikte

Im Mittelpunkt eines Paarkonfliktes steht die Unstimmigkeit der Paarbeziehung zu der Persönlichkeit der jeweiligen Individuen des Paares (Schwarz, 2013, S. 132).

Doch wer wird in diesem Kontext als Paar verstanden?

Sowohl das klassische Paar, bei dem die Individuen in einer romantischen Beziehung zueinanderstehen, als auch eine Paarbeziehung, in welcher man als Zweierkonstellation interagiert ohne die romantische Komponente, werden bei dem Paarkonflikt als Paar verstanden (Schwarz, 2013, S. 131-132). Zum besseren Verständnis einer Paarbeziehung ohne romantische Komponente führt der Autor das Beispiel Funktionär und Stellvertreter an.

Eine Paarbeziehung hat jeder Erwachsene in der sogenannten Mutter-Kind-Symbiose bereits erlebt (Schwarz, 2013, S. 132-133). Es wird weiter aufgeführt, dass es bei der Entwicklung der Persönlichkeit und auch der Eigenständigkeit eines Kindes unmittelbar zum Identitätskonflikt kommt. In romantischen Paarbeziehungen wird darunter der Fall verstanden, dass eine Person unabdingbar auf ihre Identität insistiert. Diese Art von Konflikt gehört zu den unbedingten Notwendigen. Artet dies jedoch aus, endet es mit der Beendigung der Beziehung.

Neben dem Identitätskonflikt werden weitere Arten von Paarkonflikten, darunter Konflikte über die Aufteilung von Haushaltsaufgaben, finanzielle Angelegenheiten, persönliche Freiheiten, familiäre Verpflichtungen und emotionale Bedürfnisse erläutert (Schwarz, 2013, S. 134-142). Diese Konflikte können aufgrund von Missverständnissen, unklarer Kommunikation oder ungelösten Problemen eskalieren. Sie können auch durch externe Stressfaktoren wie berufliche Belastungen, gesundheitliche Probleme oder sozialen Druck verstärkt werden.

2.2.3. Schwerpunkt Gruppenkonflikte

Von einer Gruppe kann gesprochen werden, wenn zu den vorherigen zwei Individuen, also dem Paar, noch eine dritte Person hinzukommt. Abgrenzung von Personen, die andere Ansichten besitzen und mit denen es keine Berührungspunkte gibt. Auch das Thema Loyalität sind essenziell für die Bildung einer solchen Gruppe (Schwarz, 2013, S. 160-161). Trotz der Gemeinsamkeiten kann es innerhalb solcher Gruppen zu diversen Konflikten kommen. Diese entstehen aus einer Vielzahl von Faktoren. Zu diesen Faktoren zählen: Unterschiedliche Interessen, Werte, Ziele, Ressourcen und Identitäten der beteiligten Individuen in der Gruppe (Schwarz, 2013, S. 161-164).

Zu diesen Intragruppenkonflikten werden Untergruppenkonflikte, Territorialkonflikte, Rangkonflikte, Normierungskonflikte, Zugehörigkeitskonflikte, Führungskonflikte, Reifungskonflikte, Substitutionskonflikte und Verteidigungskonflikte gezählt (Schwarz, 2013, S.161).

Zur Dynamik von Gruppen und somit auch zum besseren Verständnis von Gruppenkonflikten lässt sich zusammenfassend sagen, dass eine Gesamtgruppe sich von der Bildung anderer Formen der

Zugehörigkeit in ihrer Existenz gefährdet sieht und somit diese versucht unschädlich zu machen. Zu diesen potenziellen Bedrohungen gehören die Bildung von Paaren oder sogenannten Dreiecksbeziehungen innerhalb der Gruppe (Schwarz, 2013, S. 161- 162).

2.2.4. Schwerpunkt Organisationskonflikte

Mit dem Organisationskonflikt steht eine Konfliktart im Vordergrund anhand derer noch mehr auf Konflikte explizit in der Arbeitswelt eingegangen wird.

Damit mehrere Gruppen effektiv zusammenarbeiten, wie die verschiedenen Abteilungen in einem Unternehmen, bedarf es einer Hierarchie (Schwarz, 2013, S. 191-193). Diese ist durch eine Organisation gegeben und es ist somit auch nicht verwunderlich, dass Organisationskonflikte überwiegend auf Konflikten zwischen Untergruppen basieren. Der Abteilungsegoismus, welcher zu den Organisationskonflikten zählt, ist ein Paradebeispiel hierfür.

Zwischen den verschiedenen Abteilungen eines Unternehmens herrscht Konkurrenz (Schwarz, 2013, S. 193- 194). Läuft in einer Organisation etwas schief wird die Schuld in der jeweils anderen Abteilung gesucht. Der Konflikt ist einerseits notwendig, andererseits muss jedoch durch die Hierarchie der Organisation ein kooperatives Zusammenarbeiten der Abteilungen gesteuert werden, da sonst ein Erfolg ausgeschlossen ist.

2.3. Die 9 Konflikteskalationsstufen nach Glasl

Für diese Arbeit wurde die Einteilung der Konfliktarten nach Schwarz vorgenommen, dennoch ist und bleibt die Einteilung des Konfliktverlaufs in neun Eskalationsstufen von Glasl ein unerlässlicher Aspekt für die Thematik dieser Arbeit (Glasl, 2013).

Es werden drei Phasen, die ihrerseits jeweils in drei Stufen unterteilt werden, unterschieden (Glasl, 2013). Der Schlüsselaspekt ist, dass mit jeder weiteren Stufe die Kooperationsbereitschaft der Konfliktparteien sinkt und gleichzeitig der emotionale Einfluss auf das Verhalten steigt.

Ein für beide Konfliktparteien zufriedenstellendes Ergebnis der Konfliktlösung ist nur in dieser ersten Phase, der Win-Win-Phase, noch erreichbar (Glasl, 2013, S. 236-259). Unterteilt wird diese Phase in die Stufen *Verhärtung, Debatte und Polemik* und anschließend *Taten statt Worte*. Unter *Verhärtung* ist gemeint, dass der Konflikt sich noch rein auf die Sachebene bezieht und noch nicht zu Vorschein gekommen ist. Der Stufe zwei ist ihrem Namen nach bereits zu entnehmen, dass hier die Konfliktparteien ausschließlich ein Ziel verfolgen: Die Überzeugung des Gegners von den eigenen Haltungen. Nach Abschluss dieser Phase und der Stufe *Taten statt Worte* ist die Kommunikation umgeschlagen. Konstruktivität weicht häufig endgültig der Provokation. Der Streit ist nicht mehr nur verbal, sondern äußert sich auch in Form von Taten.

Phase zwei, die Win-Lose-Phase, lässt bereits vom Namen her auf die wichtigste Erkenntnis dieser Eskalationsstufen schließen. Gewinnen kann nur noch eine der Konfliktparteien (Glasl, 2013, S. 259-293). Stufe vier, *Images und Koalition* ist davon geprägt, dass sich der Streit auf bisher unbeteiligte Verbündete ausbreitet. Darauf folgt der *Gesichtsverlust* des Gegners und somit dessen völlige Rücksichtslosigkeit. Die Konfliktparteien erpressen sich auf Stufe sechs, *Drohstrategien und Erpressung*, nun gegenseitig und das Gewaltdenken und Handeln nimmt beidseits zu.

Die Lose-Lose-Phase beginnt mit der Stufe *Vernichtung* und in dieser dritten und letzten Phase kann keine Partei mehr siegen (Glasl, 2013, S. 294-302). Ziel ist es dem Gegner Schaden zuzufügen, unabhängig der negativen Konsequenzen, auch für sich selbst. Es folgt Stufe acht, die *Zersplitterung*, in welcher keine Worte mehr existieren, um den vorliegenden Konflikt zu schlichten. Die neunte und allerletzte Stufe, mit dem treffenden Titel *gemeinsamer Untergang*, bringt die endgültige Vernichtung mit sich. Das wie und die Konsequenzen sind gleich und somit wird der eigene Untergang billigend in Kauf genommen.

In Abhängigkeit der Eskalationsstufe des Konfliktes kann eine geeignete Interventionsstrategie gewählt werden. Die Mediation, welche für diese Arbeit als Schwerpunkt gewählt wurde, kommt meist erst in der zweiten Phase zum Einsatz. Darauf wird genauer in Kapitel 3.1. eingegangen.

2.4. Soziale und wirtschaftliche Folgen von Konflikten

2.4.1. Folgen für Mitarbeiter

Jede Art von Konflikt birgt Folgen und bringt entsprechende Kosten mit sich. Auf der wirtschaftlichen Ebene für die Unternehmen sowie auf der sozialen Ebene für die betroffenen Mitarbeiter.

Ist ein Mitarbeiter in einen Konflikt verwickelt leidet er nicht nur emotional unter dieser Belastung, sondern auch seine Produktivität an sich (Hille & Lichtenauer, 2021, S. 13-14). Die Gedanken an den Konflikt sind bei den Mitarbeitern in der Regel allgegenwärtig und nehmen Zeit in Anspruch, die für effektive Arbeit nicht mehr zur Verfügung steht. Auch die Motivation nimmt in vielen Fällen erheblich ab und im schlimmsten Fall kann ein ungelöster Konflikt zu psychischen Erkrankungen mit folgenden Ausfällen der Betroffenen führen.

Ungelöste Konflikte führen zu einem negativen Arbeitsklima und dieses kann wiederum im ungünstigsten Fall dafür sorgen, dass unternehmensinterne Konflikte nach außen getragen werden und Kundenabwanderung mit sich bringen (Hille & Lichtenauer, 2021, S. 13-14).

2.4.2. Folgen für das Unternehmen

Mit der Thematik der Konfliktkosten für Unternehmen haben sich die Wirtschaftsprüfungs- und Beratungsunternehmen KPMG und PwC in mehreren Studien bereits auseinandergesetzt und sind zu dem Ergebniss gekommen, dass 15 % der Arbeitszeit in deutschen Unternehmen für Konfliktbewältigung benötigt wird (KPMG AG Wirtschaftsprüfungsgesellschaft, 2009).

Eine Vielzahl an Variablen tragen zu diesen Konfliktkosten bei. Die bereits genannte Kundenfluktuation, Krankheit und Fehlzeiten oder Mitarbeiterfluktuation sind nur ein Teil davon (Insam et al., 2012). Insgesamt handelt es sich hier um Summen von mehreren Milliarden Euro (KPMG AG Wirtschaftsprüfungsgesellschaft, 2009). Um dies zu vermeiden, ist ein effektives Konfliktmanagement notwendig. Eine Methode hierzu ist die Mediation, welche nun näher erläutert wird.

3. Deeskalation einer Konfliktsituation

3.1. Konfliktlösung durch Mediation

Die Mediation basiert auf dem Grundprinzip, dass eine dritte unabhängige Partei in das Geschehen eingreift (Pfab, 2020, 41-43). Diese unabhängigen Dritten sind die Mediatoren. Sie verfügen über das entsprechende Knowhow und unterstützen die beteiligten Konfliktparteien bei der gemeinsamen Lösungsfindung (Hertel, 2013, S.20-33). Der Mediator trifft somit nicht die endgültige Entscheidung und bewahrt stets eine unparteiische Haltung, während er aktiv versucht die subjektiven Sichtweisen beider Seiten nachzuvollziehen (Proksch, 2018, S.2).

Die Teilnahme an einer Mediation ist immer freiwillig und die Konfliktparteien müssen bereit sein gemeinsam an einer Lösungsfindung zu arbeiten (Schäfer, 2017, S.14).

Die Konfliktmediation kommt in der Regel in der Phase zwei (Win-Lose) der Konflikteskalationsstufen nach Glasl zum Einsatz (Glasl, 2013, S. 259-293). Eine gemeinsame Lösungsfindung ist aufgrund der verhärteten Fronten nicht mehr denkbar.

Der Mediationsprozess folgt festen Regeln und ist in fünf Phasen aufgeteilt (Hertel, 2013, S. 42-43). Diese Phasen werden mit dem Akronym ALPHA umschrieben. Anhand dieser ALPHA-Struktur entwickelt der Mediator mit den Konfliktparteien eine gemeinsame Lösung, durch die strukturierte Bearbeitung jeder einzelnen Phase. Die ALPHA-Struktur dient dem Mediator somit als Leitfaden, um den Mediationsprozess effektiv zu gestalten und die Konfliktparteien dabei zu unterstützen, eine nachhaltige Lösung für ihre Probleme zu finden.

Phase eins und somit der Buchstabe A steht für die *Auftragsklärung* (Hertel, 2013, 43). Zu Beginn wird das finale Ziel, welches mit der Mediation erreicht werden soll, ermittelt. Zusätzlich werden die Rahmenbedingungen, hierzu zählt das Thema, der zeitliche Umfang und wer Mediator und wer die Konfliktparteien sind, festgehalten.

Auf das A folgt der Buchstabe L und es wird die *Liste der Themen besprochen* (Hertel, 2013, S. 43). In dieser Phase werden die Konfliktparteien dazu ermutigt alles was sie beschäftigt auszusprechen.

Dies kann verhindern, dass Aspekte unausgesprochen bleiben, welche der einen Partei noch nicht bewusst waren. Der Mediator hilft dabei, die Kommunikation zwischen den Parteien zu erleichtern, Missverständnisse aufzuklären und fördert Kompromisse.

Phase drei, der Buchstabe P, fordert einmal mehr die Fähigkeiten des Mediators heraus. Durch gezielte Fragen werden die Werte und Interessen der Konfliktparteien, die sich hinter den verbalen Aussagen verbergen, ermittelt (Hertel, 2013, S. 46-47). Das P steht folglich dafür „Positionen auf dahinterliegende Interessen [zu] untersuchen" (Hertel, 2013, S.46).

Heureka, der Buchstabe H, schließt sich an die dritte Phase an (Hertel, 2013, S. 47). In dieser Phase wird eine Lösung für den Konflikt gefunden und die Freude darüber mit dem Wort Heureka zum Ausdruck gebracht. Die vorherigen Phasen haben ihren Beitrag dazu geleistet, indem die jeweiligen Parteien gelernt haben zu verstehen, worum es dem Gegenüber eigentlich geht. Es entstehen Lösungsideen, die wiederum gemeinsam auf ihre Vor- und Nachteile und zusätzliche Optimierungsoptionen überprüft werden.

Der Buchstabe A läutet die letzte Phase, die Abschlussvereinbarung, der ALPHA-Struktur ein (Hertel, 2013, S. 47-48). Eine präzise Formulierung der gemeinsam herausgearbeiteten Konfliktlösung beendet den Mediationsprozess. Besiegelt wird die Lösung mittels Unterschrift oder per Handschlag.

Nachfolgend wird eine Konfliktlösung mithilfe der hier erläuterten ALPHA-Struktur der Mediation anhand eines Fallbeispiels verdeutlicht.

3.2. Fallbeispiel: Konfliktlösung durch Mediation

Das Fallbeispiel stammt aus dem Arbeitsalltag der Autorin. Aus Datenschutzgründen wurden alle Namen der beteiligten Personen abgeändert. Es liegt folgende Situation vor.

Die Führungskraft Frau K. der Abteilung für Qualitätssicherung (QS) und Qualitätsmanagement (QM) in einem mittelständigen Lebensmittelunternehmen nimmt ein zunehmend negatives Arbeitsklima in ihrer Abteilung war. Konkret fällt ihr auf, dass die Motivation bei den Mitarbeitern gesunken ist und die Produktivität abgenommen hat. Zwischen der Leiterin Frau L. des Qualitätsmanagements im Labor und dem Leiter Herr. M der Qualitätssicherung gibt es vermehrt Unstimmigkeiten. Arbeitsprozesse laufen langsamer ab, Fehler passieren und Informationen werden nicht vollständig oder rechtzeitig ausgetauscht. Sie fasst den Entschluss mit den beiden Mitarbeitern ins Gespräch zu kommen. Die Führungskraft Frau K. fungiert als Mediatorin.

Die Auftragsklärung läuft folgendermaßen ab. Nachdem Frau K. sich höflich bei ihren beiden Mitarbeitern vorgestellt hat, erläutert sie den Grund für das heutige Treffen und ihren Eindruck von dem aktuellen negativen Arbeitsklima. Sie fragt, ob Frau L. und Herr M. damit einverstanden sind, den heutigen Nachmittag für eine gemeinsame Lösungsfindung der vorliegenden Unstimmigkeiten zu nutzen. Die ersten Rahmenbedingungen sind somit festgehalten und es wird sichergestellt, dass beide Konfliktparteien auf freiwilliger Basis an der Mediation teilnehmen. Frau K. fragt nach, weshalb die Kollegen momentan unzufrieden sind bzw. was sich ihrer Meinung nach ändern müsste, um wieder ein besseres Arbeitsklima in der Abteilung zu schaffen. Es stellt sich heraus, dass die Unstimmigkeiten auf einem Missverständnis in der Kommunikation von vor drei Wochen beruhen und sich die Situation seitdem immer mehr aufgeschaukelt hat. Es wird folgender Obersatz erarbeitet: „Unser gemeinsames Ziel ist es zu klären, wie wir unsere kommunikativen Fähigkeiten stärken und präzisieren können, um Missverständnissen zwischen der Qualitätssicherung und dem Qualitätsmanagement zuvorzukommen."

Nun wird die *Liste der Themen besprochen*. Die Mediatorin bietet beiden Mitarbeiten die Möglichkeit frei zu sprechen und ihre subjektive Sicht auf die Unstimmigkeiten anzusprechen. Es kommen unter anderem Störfaktoren zum Vorschein, welche für Herr M. so nicht ersichtlich waren und die Dauer verschiedener Tests im Labor objektiv erklären. Herr M. hat oft das Gefühl, dass die Kollegin Frau L. sich absichtlich Zeit lässt mit Testungen. Die Prozesse können jedoch nicht beschleunigt werden, da Zeiten bei Tests genau eingehalten werden müssen, um möglichst genaue Ergebnisse zu erzielen. Frau L. wiederum war nicht bewusst unter wie viel Druck Herr M. von externen Kunden, welche baldigst Analysen verlangen, tatsächlich steht.

Durch präzise Fragen werden die *Positionen der beiden Parteien auf dahinterliegende Interessen untersucht*. Hier stellt sich schnell heraus, dass sich beide Parteien von der jeweils anderen Person nicht respektiert und in ihrer Tätigkeit nicht wertgeschätzt fühlen. Beide Konfliktparteien entwickelten die Einstellung: „Wenn du mich und meine Arbeit nicht respektierst, werde ich dies ebenfalls nicht".

Mit *Heureka* ist eine Lösungsidee zum Greifen nahe. Frau K. fasst die Erkenntnisse des Gespräches erneut zusammen. Das ursächliche Problem ist, dass Herr M. nicht weiß, wie und welche Tätigkeiten Frau L. zu absolvieren hat und umgekehrt. Es entsteht die Lösungsidee, dass ein respektvoller Umgang durch Verstehen der Tätigkeitsfelder des jeweils anderen gebildet werden kann. Gemeinsam erarbeiten die drei Kollegen die Idee, dass Frau L. dem Kollegen Herr M. über einen Zeitraum von etwa einer Woche ihre Arbeitsabläufe näher bringt und dieser sozusagen im Labor hospitiert. Anschließend wird die Hospitation umgekehrt. Beide Kollegen sind mit der Lösung sehr zufrieden, da sie sich eine Erweiterung ihres Wissensbereichs des Öfteren gewünscht haben.

In der letzten Phase wird die *Abschlussvereinbarung* getroffen. Hier fragt die Mediatorin erneut nach, wie die Lösung umgesetzt wird und welche Aufgaben die Beteiligten zur Umsetzung durchführen werden. Der gesamte Gesprächsverlauf wurde protokolliert und wird anschließend verteilt. Es wird außerdem vereinbart, dass sich die drei nach der ersten Hospitation erneut treffen. Es soll ein erstes Resümee gezogen und der Status Quo der kollegialen Zusammenarbeit abgefragt werden.

4. Konfliktprophylaxe

Ein Konflikt muss nicht immer etwas rein Negatives sein (Fehlau, 2022, S. 22-24). Konflikte lenken den Fokus auf Problemstellen und verhindern ein Festfahren in gegebenen Strukturen, Denk- und Arbeitsweisen.

Jedoch hat die Konfliktprophylaxe Priorität, da hierdurch Konflikte rechtzeitig erkannt und bereits vor einer Eskalation entschärft werden können. Im Fallbeispiel könnten mit regelmäßigen Meetings zwischen QM und QS abteilungsübergreifende Probleme angesprochen werden. Hiermit kann zum einen verhindert werden, dass Missverständnisse aufkommen, zum anderen besteht die Möglichkeit diese frühzeitig zu klären.

Die Konfliktprophylaxe lässt sich in eine strukturelle und individuelle Konfliktprophylaxe unterteilen (Tries & Reinhardt, 2008).

Zu der strukturellen Konfliktprophylaxe zählen acht wesentliche Maßnahmen (Tries & Reinhardt, 2008, S. 237). Abbau von Spannungen und sozialen Störungen, Verringerung der sozialen Strukturen, Konfliktvermeidung durch klare Ziele und Kompetenzstrukturen, Verringerung von Nullsummensituation, gelebte Gerechtigkeit und Steuerung von internen Koalitionen.

Zu den Maßnahmen der individuellen Konfliktprophylaxe gehört es erlebte Störungen frühzeitig ansprechen und die eigene Dialogfähigkeit auszubauen (Tries & Reinhardt, 2008, S. 242-243). Nachfolgend wird jeweils auf eine strukturelle und eine individuelle Maßnahme zur Konfliktprophylaxe eingegangen.

Der Abbau von Spannungen und sozialen Störungen soll dem Problem entgegenwirken, dass Menschen dazu neigen, andere aufgrund von Stereotypen zu beurteilen und sich entsprechend zu verhalten (Tries & Reinhardt, 2008, S. 237-238). Außerdem können nicht erfüllte Erwartungen zu negativen Emotionen wie Gleichgültigkeit und Antipathie führen. Daher ist es wichtig, die eigene Urteilsbildung zu reflektieren und differenziert wahrzunehmen.

Die erlebten Störungen frühzeitig anzusprechen kann verhindern, dass Störungen ab einem gewissen Zeitpunkt nicht mehr als Zufall wahrgenommen, sondern mit einer konkreten Ursache verbunden werden (Tries & Reinhardt, 2008, S. 243). Wenn die Ursache bei anderen vermutet wird, sollten sie frühzeitig als Vermutung angesprochen werden. Hierbei ist ein grundlegendes Vertrauen zwischen den Beteiligten erforderlich und es muss darauf geachtet werden, dass die Störung nicht als Tatsache, sondern wie bereits erwähnt als Vermutung, geäußert wird.

5. Fazit

Die vorliegende Hausarbeit gibt einen Überblick über das Kommunikations- und Konfliktmanagement in der Arbeitswelt mit der Schwerpunktthematik der Mediation als Konfliktlösungsstrategie.

Als Basis der Hausarbeit wurde zunächst der Konfliktbegriff abgegrenzt und definiert. Es ist ersichtlich geworden, dass Konflikte in unterschiedlichen Arten existieren und sich im Laufe der Zeit stufenweise verhärten, wenn nicht rechtzeitig interveniert wird. In der Arbeitswelt sind Konflikte eine kostspielige und zeitaufwendige Angelegenheit, welche durch Prophylaxe vermieden oder durch Konfliktlösungsstrategien entschärft werden müssen.

Das Hauptaugenmerk dieser Arbeit liegt daher auf der Konfliktlösung durch Mediation. Besonders wichtig ist, dass die Mediation auf freiwilliger Basis durchgeführt wird. Der Mediator nimmt eine unparteiische Haltung ein und erarbeitet gemeinsam mit den Konfliktparteien anhand der ALPHA-Struktur eine Lösung. Die ALPHA-Struktur betont die Bedeutung eines strukturierten und prozessorientierten Ansatzes für die Mediation, der es den Parteien ermöglicht, ihre Bedürfnisse zu artikulieren, gemeinsame Resultate zu finden und langfristige Vereinbarungen zu treffen. Im Fallbeispiel wurde deutlich sichtbar, dass sich eine erfolgreiche Mediation durch das Schaffen von Kooperation statt Konfrontation auszeichnet und somit die Chance bietet, trotz Erreichens der Win-Lose-Phase, eine für beide Parteien vorteilhafte Lösung zu finden.

Konflikte sind allgegenwärtig und manchmal auch notwendig. Dies ist ein Aspekt, welcher aus dem Fallbeispiel in dieser Arbeit ersichtlich geworden ist. Konflikte lenken den Fokus auf die Problemstellen und helfen Organisation Verbesserungen zu entwickeln, um effektiverer Arbeitsabläufe zu etablieren.

Literaturverzeichnis

Bartscher, T., Maier, G. & Nissan, R. (2018). Konflikt. Gabler Wirtschaftslexikon. https://wirtschaftslexikon.gabler.de/definition/konflikt-41120/version-140478

Fehlau, E. G. (2022). *Konflikte erfolgreich managen*. (4.Aufl.). Haufe Verlag.

Glasl, F. (2013). *Konfliktmanagement: Ein Handbuch für Führungskräfte, Beraterinnen und Berater* (11. Aufl.). Haupt; Freies Geistesleben

Hertel, v.A. (2013). *Professionelle Konfliktlösung: Führen mit Mediationskompetenz*. (3.Aufl.). Campus Verlag.

Hille, S. & Lichtenauer, B. (2021). Konfliktmanagement Teil 1. *Betriebspraxis & Arbeitsforschung, 242*, 13-17. https://eds-p-ebscohost-com.pxz.iubh.de:8443/eds/pdfviewer/pdfviewer?vid=3&sid=1b9c481b-84be-41f2-8865-92b476d2fffb%40redis

Insam, A., Lichtenauer, B., Poirier A. C. & Sochart C. (2012) *Best Practice Konflikt(kosten)-Management 2012: Der wahre Wert der Mediation.* https://www.dzkk.de/PDF/konfliktkosten-management2012.pdf

Jiranek, H. & Erdmüller, A. (2021). *Konfliktmanagement: Konflikte vorbeugen, sie erkennen und lösen* (6.Aufl.). Haufe Fachbuch: Bd. 1365. Haufe.

KPMG AG Wirtschaftsprüfungsgesellschaft. (2009). *Konfliktkostenstudie. Die Kosten von Reibungsverlusten in Industrieunternehmen.* https://christianehuismans.de/wp-content/uploads/2017/10/KPMG-Konfliktkostenstudie.pdf

Langenscheidtredaktion. (n.d.) *conflictus.* Zugriff am 27.03.2024, verfügbar unter https://de.langenscheidt.com/latein-deutsch/conflictus

Proksch, S. (2018). *Mediation: Die Kunst der professionellen Konfliktlösung.* Springer Gabler Verlag. https://doi.org/10.1007/978-3-658-22980-1

Pfab, W. (2020). *Konfliktkommunikation am Arbeitsplatz: Grundlagen und Anregungen zur Konfliktbewältigung.* Springer Wiesbaden. https://doi-org.pxz.iubh.de:8443/10.1007/978-3-658-30149-1

Schäfer, C. D. (2017). *Einführung in die Mediation: Ein Leitfaden für die gelingende Konfliktbearbeitung.* Springer Verlag.

Schwarz, G. (2013). *Konfliktmanagement: Konflikte erkennen, analysieren, lösen.* (9.Aufl.). Springer Gabler Verlag.

Tries, J. & Reinhardt, R. (2008). *Konflikt- und Verhandlungsmanagement. Konflikte konstruktiv nutzen.* Springer Verlag Berlin Heidelberg.

BEI GRIN MACHT SICH IHR WISSEN BEZAHLT

- Wir veröffentlichen Ihre Hausarbeit, Bachelor- und Masterarbeit

- Ihr eigenes eBook und Buch - weltweit in allen wichtigen Shops

- Verdienen Sie an jedem Verkauf

Jetzt bei www.GRIN.com hochladen und kostenlos publizieren